気ままな仔リス

チー助との120日

もともと じんべえ

MOTOMOTO Jinbe

文芸社

目次

チー助　怒《おこ》られる

お姉さんは、サンドイッチを作っていました。シマリスの仔《こ》リスチー助は、いつもの好きなところ、チェストタンスの上で、ヒマワリの種をポリカリと食べていました。お姉さんは、トントン包丁を動かしながら、ときどき横目で見守っていました。

できあがって、さあ、食べようとして、チー助を見ると、床《ゆか》に下りて、ナント!! テレビのコードをかじっていました。

お姉さんはあわててチー助をつかまえました。チー助は家に来たときよりはずいぶん大きくなっていましたが、それでもまだ小さくて、お姉さんがつかむと、胴体《どうたい》はお姉さんの手の中にすっぽりおさまり、人差し指と親指の輪の中から頭を出しています。しっぽはこぶしの下から出ています。

お姉さんはチー助をつかんだ左手を自分の顔の前にもってきて、お説教をしました。

「チーちゃん！　ダメでしょ!!　コードなんてかんだら!!　感電しちゃうのよ!!　死んじゃうのよ!!　2度としちゃダメェ!!」

と怒《おこ》りました。

お姉さんの手の中のチー助を見ると……目をギューッとつぶっていました。お姉さんが言い終わるとパッと目を開いて、何ごともなかったようにキョトンとすました顔をしています。「わかった!?」と言われると、あわてて、またギューッと目をつぶります。お姉さんのお説教が、早く頭の上を通りすぎればいいのに、と思っているようです。

お姉さんが言い終わると「終わった？」と言うようにパッと目を開きます。チー助のつぶらな瞳《ひとみ》にお姉さんの怒った顔が写っています。

お姉さんは、思わずほおずりしたくなる気持ちを抑《おさ》えて、怒《おこ》ったふ

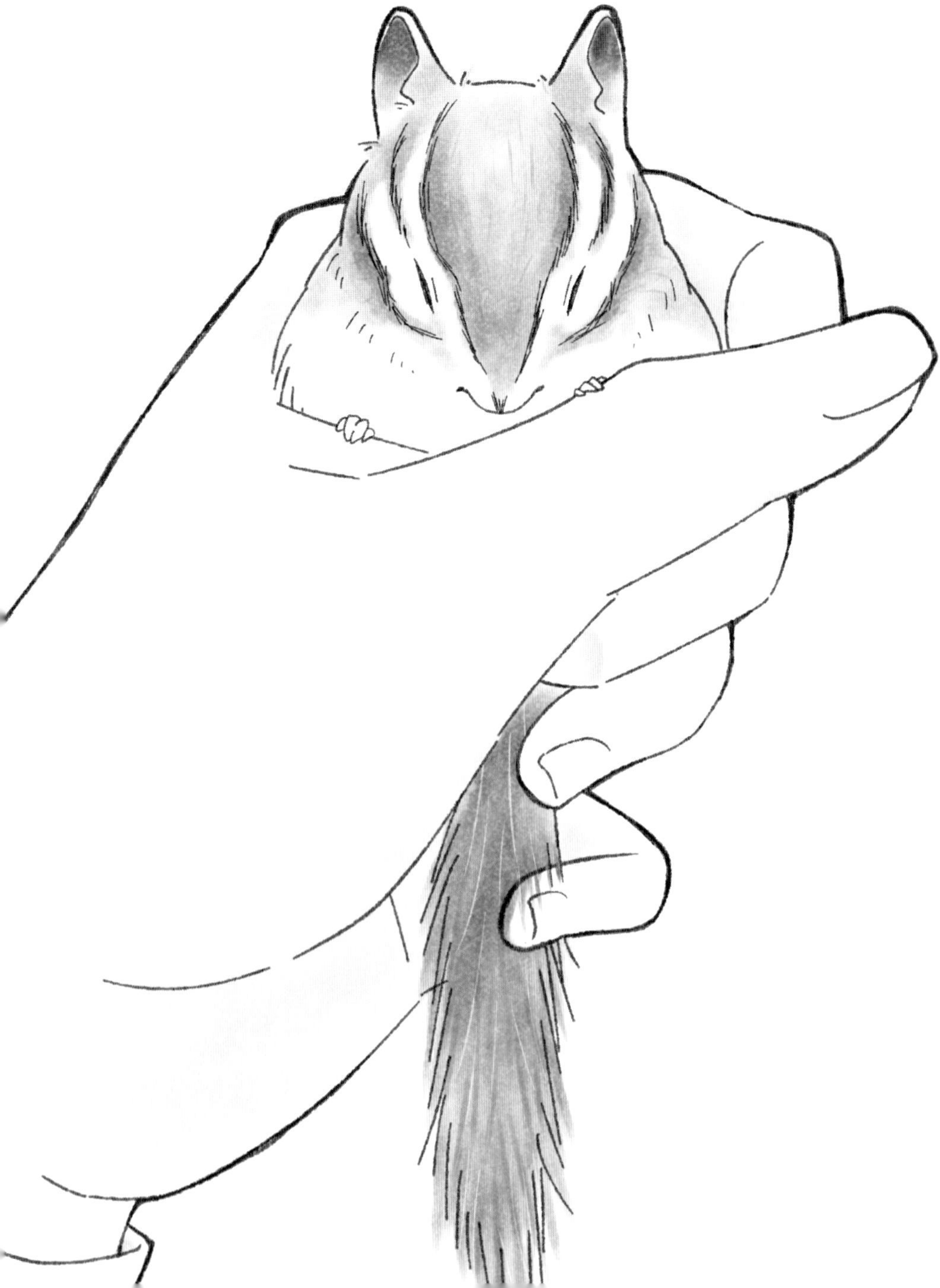

りをしていました。

このチー助とお姉さんの二人は、どのようにして出会ったのでしょうか？

出会い

お姉さんは大学生で、一人で1DKのアパートに住んでいました。

ある日、学校のキャンパスの芝生《しばふ》のところのベンチで三、四人のクラスメートと雑談をしていました。お姉さんが、

「ここの芝生《しばふ》にウサギかリスが遊んでいたらいいのになぁ」

と夢を言いました。すると、クラスメートの一人が、

「僕《ぼく》んちリス飼ってたよ、うちに帰ると玄関《げんかん》まで迎《むか》えに来たよ」

と言いました。

「ワ～ホント!?　リスって人になれるんだ、私もほしい……!!」

とお姉さんは、さっそくリスを買いに行きました。

ペットショップのシマリスコーナーに行くと、ケージの中に、大人のリスにまじって、まだ灰色の毛で縞《しま》もようの出ていない子供のリスがチョコンと座って、床《ゆか》にしいてある麦わらのきれはしを両手で丸めていました。うずらの卵に、頭と尻尾《しっぽ》をつけたような仔《こ》リスでした。小さくて、かわいくて、すぐほしくなりました。でも……『ぬいぐるみとはちがう……。小さくても生きものだ。毎日エサや水をやれる？大きくなったらイタズラッ子になって、手におえなくなるかも知れない。病気になったら徹夜《てつや》で看病してやれる？』などと、すぐ買ってしまいそうになる自分を抑《おさ》えて、ショッピングモールの中をブラブラしながら考えました。

リス売場へもどりました。さっきのケージをのぞくと、いない!!誰《だれ》かが買って行ってしまったのでしょうか？　あわてて係のオジさん

に聞くと、

「いや寝《ね》てるんです」

と言って、ちぎられたワラや新聞紙の下から仔《こ》リスを出して、手のひらの上に乗せてくれました。

ほとんど重さを感じないくらい軽くて小さくて。生まれて一ヵ月だといいます。この仔《こ》リスを、お母さんがわりになって育てようと決めました。

売場のオジさんに育て方のアドバイスを聞いて、必要なケージと、エサのヒマワリの種と麻《あさ》の実を買いました。ウキウキした気分と、うまく育てられるだろうか？　という不安のまじった気持ちで家路《いえじ》につきました。

オジさんは、仔《こ》リスをお弁当箱のようなボール紙の箱に入れてくれました。そこには小さな穴が開けてあります。胸に抱《だ》くように持ちながら、ときどき様子を見たら、二、三ミリくらいの空気穴からピンク色の鼻をつき出していました。これからどんなことになるのか、不安なのでしょう。家に急いで帰って、その狭《せま》い箱から出してやりました。怖《こわ》がったり、驚《おどろ》いたりするとかわいそうなので、そーっと出してやってから、お姉さんはじっとしていました。

全く新しい環境《かんきょう》のお姉さんの部屋の中を、そろり、ソロリと歩きだしました。まずタテに真っすぐ壁のところまで行って、真っすぐお姉さんのところにもどって来ました。次にヨコの方へ壁《かべ》まで行って、もどって来ました。

これってすごい!!　とお姉さんは感心しました。怖《こわ》がりも恐《おそ》れもしないで、勇気と探求心を持って、新しい環境《かんきょう》を自分のものにしていくなんて!!　しかも、まだ生まれて一ヵ月の赤ちゃんリスが、誰《だれ》に教わるわけでも指示されるわけでもなく、自分の才能で……スゴイ。

ケージの寝床《ねどこ》には、お姉さんの古いセーターの片方の袖《そで》を切り取って、それをフトンにしました。床《ゆか》には新聞紙をちぎってフカフカにしました。

それから、ペットショップのオジさんが、

「寒がるといけないから暖かくしてやってネ、ホットカイロ入れてやるといいよ」

と言っていたので、入れてやりました。

さて夜になって、お姉さんは寝《ね》ようと電気を消しました。仔《こ》リスは、暗いなかケージの金属製の出入口を歯でかんでガタガタ音をさせてなかなか寝《ね》ません。お姉さんがセーターの袖《そで》で作ったフトンに仔《こ》リスを入れて、手のひらの上に乗せ、もう一方の手でやさしくなでてやると、おとなしく寝《ね》ました。しばらくして、ケージの中に入れると、すぐ起きてしまい、出入口をガタガタやります。こんなことを3回4回くり返しました。

これじゃ今夜は一人（一ぴき）では寝《ね》ないだろうと、お姉さんは自分のフトンに入れてやることにしました。仔《こ》リスの方は、すぐおとなしく寝《ね》ましたけど、お姉さんの方が押しつぶしてしまいそうで、寝《ね》ていられません。夜中の二時頃《ごろ》まで添《そ》い寝《ね》してからカゴに移しました。ぐっすり寝《ね》ていたらしく、朝までおとなしく寝《ね》てくれました。ホッ！

次の日の朝、お姉さんは、仔《こ》リスがケージの金属製の出入口をかんでガタガタふるわせる音で目がさめました。それはまるで、「出してェ、出して！　出せ!!」と言っているようでした。小っちゃいのに!!　偉《えら》そうに。

すぐ出してやって、エサをやりました。でも、すぐには食べなくて、まず部屋を隅《すみ》から隅《すみ》まで歩き回ってから食べました。慎重《しんちょう》で用心深いです。

お姉さんが指先に牛乳をつけて差し出すと、小さなピンク色のザラザラした舌でペロペロなめました。牛乳は飲むんだ……と小さなお皿に入れてあげました。ペチャペチャとおいしそうに飲みました。ヒマワリの種は両手でつかんで口の中に入れ、そのままほっぺに貯《たくわ》えてしまいました。片方のほっぺただけ大きくふくらんで、もう一方のほっぺはペチャンコで、その顔がおかしくて、お姉さんは大笑いしてしまいました。

天気が良く、窓から差《さ》し込《こ》む太陽の光が心地よく、おだやかです。チビ助は、日当たりのよいところにチョコンと座って、口の中にためこんでいたヒマワリの種を取り出して、両手でクルクルまわしながらパカン!!　と割って中の実を食べています。

きょう、あらためてゆっくり仔《こ》リスを見て、ホントに小さいのに驚《おどろ》きました。

左手に乗せると、手のひらにスッポリおさまってしまいます。そっと右手で包むと、安心しきって眠《ねむ》ってしまいます。そお～～っと右手を上げて中を見ると、赤ちゃんのうぶ毛のように、やわらかい、淡《あわ》い灰色の毛が生えています。細い手と足、ピンク色の唇《くちびる》、くっきりとしたまぶたを閉じて、安心しきって寝《ね》ていました。

チビ助は床《ゆか》にいる時、お姉さんがしゃがんで手を出すと、手のひらから乗ってきて、腕《うで》を伝わって肩《かた》へ、背中へと、体中を探検するように歩き回ります。

フンは汚《きたな》くありません。黒くて堅《かた》くて米粒《こめつぶ》を黒くしたようで、ニオイもありません。

カゴの中に入れると、すぐ入口をガタガタいわせて「出してェ!!」とアピールします。お姉さんは、部屋の中をできるだけ自由に歩き回らせることにしました。

これが、あとで大変なことになるとも知らずに。

こうして仔《こ》リスは、お姉さんと一緒《いっしょ》に生活することになりました。

名前をつける

名前がつく前、つい、「チーちゃん」と呼んだり「チビ」と呼んだりしていました。結局、呼びやすいのと、かわいいから、「チー助」と名づけました。

でも正式名があって、「スヌーピー・ド・チー助」といいます。

お姉さんのところに来てから、毎日ウロチョロあちこち好きなように歩き回っていましたから、「探し回るのが好きな」とか、「こそこそ嗅《か》ぎ回《まわ》る」という意味のある「スヌーピー」。「ド」は「de」と書いて、ヨーロッパの貴族の名前の真ん中に重々しくついているから、高貴で上品な性格になってほしいという思いからつけて、小さくてチョロチョロしているから「チー助」とつけました。

格式ばった正式名と、小さくて頼《たよ》りなくて助けてやりたくなる仔《こ》リスの姿のギャップが面白いかな？　ふだんは「チー助」と呼びます。

チー助の身だしなみ

チー助は、ケージの中で目をさますと、お姉さんが用意してくれている水を飲んだりヒマワリの種を食べたりしたあと、きまってケージの金属の出入口をかんで、ガタガタゆすって外へ出して……と言います。お姉さんが忙《いそが》しくて、そのままにしておくと、ズーッとガタガタやっていて、だんだん音が大きくなって、ガタガタ振動《しんどう》も速くなります。

ついに根負けして出してやると、まずお姉さんの体に飛びついてきます。それから「カゴの中になんていられるかい!!」と言うようにわがもの顔で部屋の中を歩き回ります。

チー助は、起きると、毎日、頭から尻尾の先まで、体《からだ》全体の毛づくろいをして、体を清潔にします。人間がシャワーに入るようなものなのでしょうか？　お気に入りのチェストタンスの上にチョコンと座って、まず尻尾《しっぽ》の手入れをします。尻尾《しっぽ》を自分の体の前に持ってきて、両手を尻尾《しっぽ》の根元へ入れ、先へ動かします。チー助の手のツメがクシの役割をしています。尻尾《しっぽ》の毛は体の毛にくらべて何倍も長いので、毎日毛づくろいしなければ、すぐモジャモジャになってしまうのでしょう。

チー助の尻尾《しっぽ》は、いろいろ大切な役割をしています。尻尾《しっぽ》の毛をファーッと太く広げて空気抵抗力《ていこうりょく》を増やして、ちょっとした距離《きょり》を飛びうつるとか、尻尾《しっぽ》の向きをビミョウに変えて舵の役割をしているとか、怒った時は、尻尾《しっぽ》を立てて毛をできるだけ太くして威嚇《いかく》します。

それからまた、今まで見たこともない不思議なものや、怖《こわ》いものに近づいて行くときも、尻尾《しっぽ》の毛をできるだけファーッと大きく太くし、体を這《は》うように低くして、一歩一歩ゆっくりと慎重《しんちょう》に近づいていきます。そうやって近づいていったのは、新しいかわいいぬいぐるみでしたけど。

朝、尻尾《しっぽ》を広げてすいている時、毛先に朝日が当たってキラキラしている時など、とてもキレイです。平和です。

チー助の洗顔は、尻尾《しっぽ》をすいた時と同じように、両足をそろえてチョコンと座ってから両手を耳の後ろへもっていって、その手をクシのように使って、頭のてっぺんから口の先まですきます。それを何回も何回

も繰《く》り返し、頭と顔をキレイにします。

毎日、ちゃんと身だしなみを整えているチー助は、フワフワの毛が、いつもベルベットのように柔《やわ》らかく、滑《なめ》らかです。

チー助の好きなところ

お姉さんの家にきた赤ちゃんリスのころは、口と手がやさしいピンク色で、体は薄《うす》い灰色の毛だったチー助が、いつの間にか茶色の毛に変わっていて、背中に5本の栗色の線の縞《しま》が現れていました（だからシマリスという種類の名前がついているのですけど）。

チー助がリラックスして、顔の手入れをしたり、尻尾《しっぽ》をすいたりする時は、チェストタンスの上ですが、もう一ヵ所、リラックスするところがあります。

それはお姉さんの体です。お姉さんの体《からだ》を、木のように思っているのか、あちこちはいずり回ります。お姉さんの腕《うで》を木の枝のように行ったり来たり歩き回り、頭の毛の中も、葉っぱを分け入るように入《はい》り込《こ》んで遊んでいます。

台所でお料理を作っている時など、包丁を持っている手のところまで下りてきて、危くて仕方ありません。そんな時は、チー助のお家（金属の鳥かご）に入れてしまいます。入れられるとすぐ、「出せェ!!」と入口の金網《かなあみ》をガタガタせわしく鳴らし続けます。包丁を使わなくなって、もうあぶなくなくなると出してやります。すると、またお姉さんの体のあちこちを歩き回って遊んでいます。そんなある時、チー助の重みを感じなくなったので、床《ゆか》に下りたのかな？　と探すと、なんとエプロンのポケットの中で丸くなって眠《ねむ》っていました。

その後、八百屋さんに行かなくてはならなくなったのですが、起こすのがかわいそうなので、チー助がポケットで寝ているエプロンのまま、八百屋さんへ行きました。他のお客さんたちは、誰《だれ》もお姉さんのエプロンのポケットで仔《こ》リスが寝《ね》ているなんて思いもしません。

その頃《ころ》の八百屋さんには、レジのところにハカリが置いてあって、ハスや根しょうが、さつまいもなど、お客さんの欲しいだけ量って売っていました。お姉さんは、チー助の体重を量ってみたくなりました。八百屋さんのオバさんに頼《たの》んでハカリを使わせてもらいました。

チー助をエプロンのポケットから取り出すと、まわりのお客さんたちはビックリして、

「まあーカワイー」

と言って、チー助がハカリにかけられるのを興味深そうに見ていました。チー助は、寝《ね》ぼけていたのか、ハカリの上でおとなしくじっとしていました。

20gでした。1円玉がちょうど1gですから、チー助は1円玉20枚分の重さでした。

チー助が好きなところは、もう一ヵ所あります。座っているお姉さんのスカートの中です。暗くて暖かくて、森の中の木にある巣の中のように感じるからでしょうか？

お姉さんが座って洗濯物《せんたくもの》をたたんでいると、さっそくトコトコチー助がやってきてスカートの中にすべり込《こ》んで、膝《ひざ》のあたりでモゾモゾし始めました。しばらくしてお姉さんはたたみ終わったので、立ち上がろうと思いましたが、その前にチー助が何をしているのか、スカートの裾《すそ》をそっとあげてのぞいてみました。

チー助はお姉さんの膝頭《ひざがしら》のところに寝《ね》ころんで、両手、両足を上げて、ランジェリーの裾《すそ》のレースにたわむれていました。

郵便はがき

料金受取人払郵便

新宿局承認

7553

差出有効期間
2024年1月
31日まで
(切手不要)

160-8791

141

東京都新宿区新宿1－10－1

(株)文芸社

愛読者カード係 行

ふりがな お名前			明治　大正 昭和　平成　年生　歳	
ふりがな ご住所	□□□-□□□□			性別 男・女
お電話 番　号	(書籍ご注文の際に必要です)	ご職業		
E-mail				
ご購読雑誌(複数可)			ご購読新聞 新聞	

最近読んでおもしろかった本や今後、とりあげてほしいテーマをお教えください。

ご自分の研究成果や経験、お考え等を出版してみたいというお気持ちはありますか。

ある　　ない　　内容・テーマ(　　　　　　　　　　)

現在完成した作品をお持ちですか。

ある　　ない　　ジャンル・原稿量(　　　　　　　　　　)

書　名			
お買上 書　店	都道 府県　　　市区 郡	書店名	書店
		ご購入日	年　　月　　日

本書をどこでお知りになりましたか?

1.書店店頭　2.知人にすすめられて　3.インターネット(サイト名　　　　)

4.DMハガキ　5.広告、記事を見て(新聞、雑誌名　　　　)

上の質問に関連して、ご購入の決め手となったのは?

1.タイトル　2.著者　3.内容　4.カバーデザイン　5.帯

その他ご自由にお書きください。

(　　　　)

本書についてのご意見、ご感想をお聞かせください。

①内容について

②カバー、タイトル、帯について

弊社Webサイトからもご意見、ご感想をお寄せいただけます。

ご協力ありがとうございました。

※お寄せいただいたご意見、ご感想は新聞広告等で匿名にて使わせていただくことがあります。

※お客様の個人情報は、小社からの連絡のみに使用します。社外に提供することは一切ありません。

■書籍のご注文は、お近くの書店または、ブックサービス(0120-29-9625)、セブンネットショッピング(http://7net.omni7.jp/)にお申し込み下さい。

チー助　コーヒーカップを倒《たお》す

お姉さんは、学校に出さなくてはならないレポートを必死になって書いていました。

ときどきコーヒーを飲んでは、遠くの空を見るように顔を上げてペンで頬《ほお》をツンツンしながら、考えをまとめていました。

チー助は、さっき、「カゴから出して……」とうるさく出入口の金属をガタガタやって、出してもらっていました。部屋の中を自由に動き回って、今はお姉さんが勉強しているテーブルの上を歩き回っていました。エンピツをかじってみたり、消しゴムを両手にはさんでクルクル回してみたり、いつものように遊んでいました。

とつぜん、チー助がコーヒーカップのフチに手をかけて、中をのぞきました。

アッ！　とお姉さんが言う間もなく、コーヒーカップは倒《たお》れ、コーヒーが、ドクドクとテーブルに広がりました。お姉さんはア〜!!　と叫《さけ》んで台所へ走り、ふきんを手にしてもどり、急いでふきとりました。

幸いなことに、床《ゆか》のカーペットを汚《よご》さないですみました。やっとふき終わって、チー助はどうしているの？　とまわりを見回すと……部屋の隅《すみ》の壁《かべ》と家具の間の3センチくらいのすき

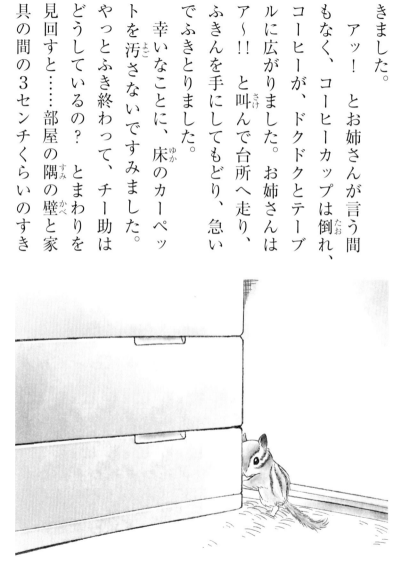

間に入《はい》り込《こ》んで、そこから首を出し、目を大きく見開いて、お姉さんを見ていました。手はタンスのフチにかけています。

これは、もしお姉さんが怒《おこ》ってつかまえにきたら、サッとすき間の奥《おく》へ逃《に》げ込《こ》もうという態勢です。

お姉さんは怒《おこ》る気はありませんでした。カップの中にコーヒーが入っていたことをチー助は知らなかったし、コーヒーカップはフチに体重をかけたら倒《たお》れることなど、初めてのことで知らなかったのですから。

でも逃《に》げたということは、〝なんか悪いことしちゃったかな？〟ととっさに思って、安全なところへ避難《ひなん》したのでしょう。お姉さんはチー助のその判断力と機敏《きびん》さに、かえって感心しました。

お姉さんは、怒《おこ》って追いかける気がないことを示すために、カーペットの上に正座してじっと待つことにしました。

チー助は家具の奥《おく》へ逃《に》げようか？　それとも出て行こうか？　と、

もじもじしていました。少したってお姉さんの方へ向かってトコトコまっすぐ歩いてきました。お姉さんの正座して揃えたヒザの間に、スーッと、まるでガレージに入る車のように入り、スカートの中に消え、それからお姉さんのヒザをよじ登りました。外から見ると、スカートの片方のヒザのあたりだけポコンと盛り上がって、モコモコ動いています。チー助のやわらかくて絹のような毛が肌《はだ》にふれます。お姉さんはチー助と会うまで、こんなに柔《やわ》らかい物に触《さわ》ったことがありませんでした。マシュマロのように柔《やわ》らかい、とか、真綿のよう、と言いますが、チー助の毛は、それよりずっとずっと柔《やわ》らかいのです。見た目はフワフワのタンポポの綿毛のようですが、けっこうスベスベしています。チー助は、お姉さんのスカートの中のヒザのあたりに落ち着きどころを決めたみたいで、ゴソゴソし始めました。きっとホッペにためたエサを取り出して食べ始めたのでしょう。そのうち動きが止まりました。寝《ね》てしまったようです。お姉さんは、足がしびれるまで立ちませんでした。

チー助のリンゴの食べ方

チー助がいつもヒマワリの種やクルミばかり食べているのはつまらないのじゃないかな？　あきるんじゃないかな？　と思ったお姉さんは、バナナとリンゴを与《あた》えてみました。最初、バナナをあげてみました。１センチくらいの輪切りにして、お皿の上に載せておきました。あとで見ると、バナナのフチにチー助の２本の前歯のあとがくっきりと残っていました。「食べてはみたけど……」という感じで、それ以上は食べていませんでした。

それではリンゴをあげてみようと半分に切っていると、ちょうどお姉さんの体に乗っていたチー助は、おお急ぎで半分になったリンゴの上に飛び乗りました。チー助は尻尾《しっぽ》を除くと、ちょうどリンゴと同じ大きさでした。真ん中の芯《しん》のところにある種を夢中で口に含んでほおに貯えました。お姉さんが種を取り出してくれるのを無視して、自分でかじりついてせかせかと掘《ほ》り出します。リンゴの白くてシャリシャリとおいしいところを、チー助はじゃま！　とばかりに、かじってはプッ!!　とわきへ放りなげて、種が出てくると、急いでほおにため込《こ》んでいきます。

せかせか、こせこせと、忙《いそが》しくリンゴの白いシャリシャリのところをほじってはプッと放り出し、種が出ると大急ぎで口に入れ、また、かじってははき出すようすは、まるで「悪漢に追いかけられているので、早く宝物を掘《ほ》り出して一刻も早く逃《に》げなくては……」とあせっている人のようです。

それからは、リンゴのおいしいところはお姉さんが食べ、チー助には芯《しん》のところだけあげることにしました。

ナント経済的なことでしょうか。

チー助と蛍光灯《けいこうとう》のヒモ

チー助はお姉さんの体を木の枝と同じようにして、肩《かた》や背中などあちこちに移動して遊んでいました。暗くなってきましたので、お姉さんは、部屋の天井《てんじょう》から下がっている蛍光灯《けいこうとう》のヒモを手を伸《の》ばして引っぱって、電気をつけようとしました。

チー助は、お姉さんの伸《の》ばした手の先にサーッとやってきて、蛍光《けいこう》灯《とう》のヒモの先についていてブラブラ動いている小さな木の玉を取ろうとしました。一所懸命《いっしょけんめい》背を伸《の》ばして取ろうとするのですが、お姉さんの手の先にいるチー助は不安定な上、ヒモの先の木の玉は右にゆれ、左にゆれてつかまえられません。

お姉さんはチョット意地悪を思いつきました。右手に乗っているチー助を乗せたままにして、ヒモから20センチくらい遠ざけました。そうしておいて、左手を木のボールに近づけてみました。チー助は、大いそぎでお姉さんの右手の先から肩《かた》をとおって首の後ろを回って、左手の先にたどり着きました。でもその時には、意地悪なお姉さんは左手をヒモの先の木のボールから20センチくらい離《はな》してしまいます。

そして、こんどは右手をヒモの先のボールに近づけています。チー助は夢中でお姉さんの首の後ろを回って急いで右手に行きます。チー助がたどり着いた時には、木のボールは、また、20センチも離《はな》されています。そして「取ってごらん!?」というように揺れています。

これを何回か繰《く》り返《かえ》しました。

お姉さんの右手と左手の間は30センチくらいしか離《はな》れてませんから、チー助ならポン！　と飛び移れるのですが、夢中になっていて判断ができなかったのでしょうか？

何回も何回も、右手へ行ったり、あわてて左手に行ったり、せせこましく、気ぜわしいようすが面白くて、お姉さんは大笑いしちゃったのですが、まじめぶりが可哀相《かわいそう》になって、ヒモの先の木の玉を思い切りさわらせて、取れないことを教えてやりました。

もし、この知能テストのような遊びを続けていたら、チー助をバカな生きものと軽蔑《けいべつ》していることになります。

チー助はチー助でいいのです。

チー助のいたずら

チー助はいつの間にか毛並もツヤツヤになって、尻尾《しっぽ》も立派になりました。鋭《するど》い歯が上に2本、下に2本生えています。エンピツとか、つまようじとかを咬《か》んで、よく遊んでいます。

お姉さんが手の中にわざとヒマワリの種をかくして持っていると、指を咬《か》んで一本一本開かせようとします。痛くて指を開けてしまいます。チー助の勝ち!!

ある日お姉さんが外出から帰ると、部屋の中は目を被《おお》うばかりの惨《さん》状《じょう》でした。

テーブルの上のカップは倒《たお》れ、急須《きゅうす》の中の茶がらはバラまかれ、カーペットの上はキャラメルがべっとりくっついていました。

お姉さんは茶がらを鼻先に持っていって怒《おこ》りながら、頭を指先でポン!! とたたきました。キャインといって反抗《はんこう》しています。

外出する時にケージの出入口の扉《とびら》をキチンと閉めていなかったから、自由に遊び回ったのでしょう。チー助が悪いわけではありません。けどいたずらがヒドすぎる!!

このところ急に運動量が増えて、今まで行けなかったところへどんどん行っています。勉強机の上から、天井《てんじょう》から吊《つ》ってある小物入れ籠《かご》に飛び移り、少し離《はな》れた本棚《ほんだな》へヒョイヒョイと移動しています。

お姉さんは前の晩遅《おそ》くまで起きていたし、午前中の授業に出て寝不足《ねぶそく》で、昼寝《ひるね》をしました。チー助が足にまつわりついたり、顔の上をピタピタ歩いたりしていましたけど、ひたすら眠《ねむ》くて、そのまま寝《ね》ていました。

目がさめると、さっき食べ残

したカキフライがかじってあって、桃《もも》には大きな穴があいていました。直径4センチ、深さ2センチ、キレイにチー助の歯型がついていました。

その頃《ころ》、お姉さんとチー助は上下関係がなく、友達のような気分で生活していたようです。


ふざけているつもりなのか、チー助の奴《やつ》、意味もなく手を咬《か》みます。とっても痛いので、

「痛い!!」

と声を上げると逃《に》げて、またすぐ来て咬《か》みます。あまりに痛いので、

「もオーやめてよ!!　お前なんか死んじまえ!!」

とお姉さんは本気になって怒《おこ》って追いかけました。

でも、しばらくすると、いつの間にか肩《かた》の上にチョコンと乗って、何事もなかったようにすずしい顔をしています。全くわかっちゃいないのです。

チー助の貯金箱

森の中のシマリスは、ドングリや栃《とち》の実などを食べていて、あまったエサは地面に穴を掘《ほ》って埋《う》めて貯《たくわ》えておきます。エサがとぼしい長い冬の間、シマリスは巣穴の中で冬眠《とうみん》して過ごします。そのために、冬になる前、木の洞《ほこら》の巣穴にたくさんのエサを運んでためておきます。冬眠《とうみん》の間は、ときどき目をさまして、運んでおいたエサに手を伸《の》ばして食べ、おなか一杯《いっぱい》になると、またスヤスヤと寝《ね》てしまいます。

春先に冬眠《とうみん》からさめた時、春の陽ざしの中に飛び出して、雪の下に残っているドングリや栃《とち》の実を食べたり、埋《う》めておいたエサを思い出して掘《ほ》り出して食べます。

リスが埋《う》めたけど忘れてしまった種が森の中にはいっぱいあって、

それが大きく育って森の一部になっていることが多いそうです。

チー助のエサは、小鳥のエサとして売っているヒマワリの種が主食です。だいたい一日に20個か30個ぐらい食べると思いますが、よくわかりません。なぜかというと、もらったエサをすぐ食べないで、ほっぺの中に入れておいて、あとでゆっくり食べるとか、どこかへかくしてしまうからです。

まだ毛がわりがしてなくて灰色の産毛のチビだった頃《ころ》、エサをもらったチー助は、部屋のタンスと本棚《ほんだな》が並んでいてちょうど直角になった隅《すみ》へ行って、おもしろい動きを始めました。

お姉さんに背中を向け後ろ足で立って、右手の手を開き、タンスの隅《すみ》の方へグッグッグッグッ!! と何かを押《お》しつけているようです。次は左手で同じことをしています。

「何やってるの？」

と見に行ったら、ヒマワリの種が一個おいてありました。右手と左手を交互《こうご》に動かしていたのは、葉っぱでかくしているつもりだったようです。

ギターがないのにあるように弾《ひ》いて歌う「エアーギター」というパフォーマンスがあるそうですが、チー助は、葉っぱがないのにあるつもりになってエサをかくしていたのです。まる見えなのに!!　本能なのでしょうか？。

チー助はエサをどこにかくしておくか、わかりません。

ある雨の日、お姉さんは玄関《げんかん》に立てかけておいた傘《かさ》を持って外へ出て、傘《かさ》を開きました。

すると、パラパラとヒマワリの種が、お姉さんの頭に降りました。雨より先にヒマワリが降ってきました。傘《かさ》がチー助の貯金箱だったのです。

それからこんなことも。

あまり使わない中華鍋《ちゅうかなべ》を大きな紙袋《かみぶくろ》に入れて台所の高いところの棚《たな》に置いておきました。久しぶりに中華鍋《ちゅうかなべ》で料理しようと思って、その紙袋《かみぶくろ》を下ろしました。

なんと！　その中華鍋《ちゅうかなべ》の入った紙袋《かみぶくろ》の中は、チー助のエサがどっさり入っていてビックリ仰天《ぎょうてん》!!

そこにはヒマワリの種はもちろん、エサとしてあげたことのないお米もありました。角砂糖もありました。角が丸くなっているところをみると舐《な》めて丸くなったのでしょう。お姉さんがコーヒーや紅茶を飲む時、コーヒーカップのお皿に添《そ》えてあった角砂糖です。まえに、チー助が欲しがったことがあったのですけど、森の中の自然界にはお砂糖のように甘《あま》いものはありませんから、あげなかったのに……いつの間にか手に入れていたわけです。

ティッシュペーパーもたくさん集めてありました。ちゃんと細く裂《さ》いてあってフワフワにしてありました。巣の中のやわらかいベッドにするのにちょうどいいように。

まだチビ助なのに、いつの間にかこんなにたくさんためこんで、長い冬の冬眠《とうみん》に備えるなんて!!

お姉さんのところに来て、ずい分大きくなりましたけど、まだ小鳥たちとほとんど同じ大きさで、まだ大人になっていないチー助の頭のどこにそんなすごい知恵《ちえ》が入っているのか、驚《おどろ》きます。

ときたま、お姉さんは、ちょっと出かける時チー助をケージに入れないで出かけることがありました。いつもケージの中にとじ込《こ》めていたのでは可哀相《かわいそう》ですし、チー助にもお姉さんのいない一人の時間が欲しいんじゃないか?　って思って。

「チーちゃん!　行ってくるネ、いい子にしてるのョ」

と言って。

きっと、そんな時、チー助は、

「ヤッター!!　どうぞごゆっくり!!」

とばかりに、あちこち歩きまわっていろいろ集めたのでしょう。


昔から、銀行や信用金庫などのシンボルキャラクターにシマリスがなっていますが、その理由がわかるような気がしてきました。

まじめで、働き者で、大切なものをせっせとしっかり貯える動物だから、シマリスは、銀行や信用金庫などの人たちの理想のキャラクターなのですね。

よくばりチー助

お姉さんは家にいる時は、なるべく手渡《わた》しでエサをあげていました。

チー助はお姉さんの前にチョコンと座って、両手でヒマワリの種を受け取り、口の中に入れます。またあげると、口にサッと入れ、次にくれるのを待ちます。どんどんあげると、どんどん口に入れていきます。だんだんホッペがふくらんでパンパンになってきます。チー助は、ものすごい速さで中華鍋《ちゅうかなべ》が入った紙袋《かみぶくろ》の貯金箱へダッシュします。そして目にも止まらぬ速さでもどってきて、お姉さんの前に座り「もっと〜ッ、もっと早くぅ〜!!」というように、体を小刻みに震《ふる》わせながらせかします。

そうやって何度もなんどもエサをもらっては、紙袋《かみぶくろ》の貯金箱の間を行ったり来たりします。

お姉さんは、チー助に意地悪をしてみたくなりました。

チー助のホッペがパンパンにふくらんで貯金箱へ急いで行こうと一歩はしり出したチー助に、もう一個差し出しました。

その時のチー助のホッペは、外から見てもヒマワリの種の形がわかるくらい一杯《いっぱい》でした。でも、チー助は差し出された一個を口に入れようとしました。口の中はもう一杯《いっぱい》になっていて入るところがなくて、口からピョイと出てきて落ちそうになりました。チー助は走りながら、あいている手を忙《いそが》しく交互《こうご》に使って、種を口に押《お》し込《こ》みながら器用に走り、何度やっても一個も落とさないで貯金箱へ運びました。

なんという的確な判断力なのでしょう。

なんという運動能力の持ち主なのでしょう。

なんという努力家なのでしょう。

期末テストが終わったお姉さんは、好きなカステラを思い切り食べたくなって、箱で買ってきました。チー助にあげてみると、喜んで食べます。さてお姉さんが食べようとしたところ、チー助が来て、箱の中にドップリ入っちゃって、もうガツガツ食べ始めました。

「ダメ!!」

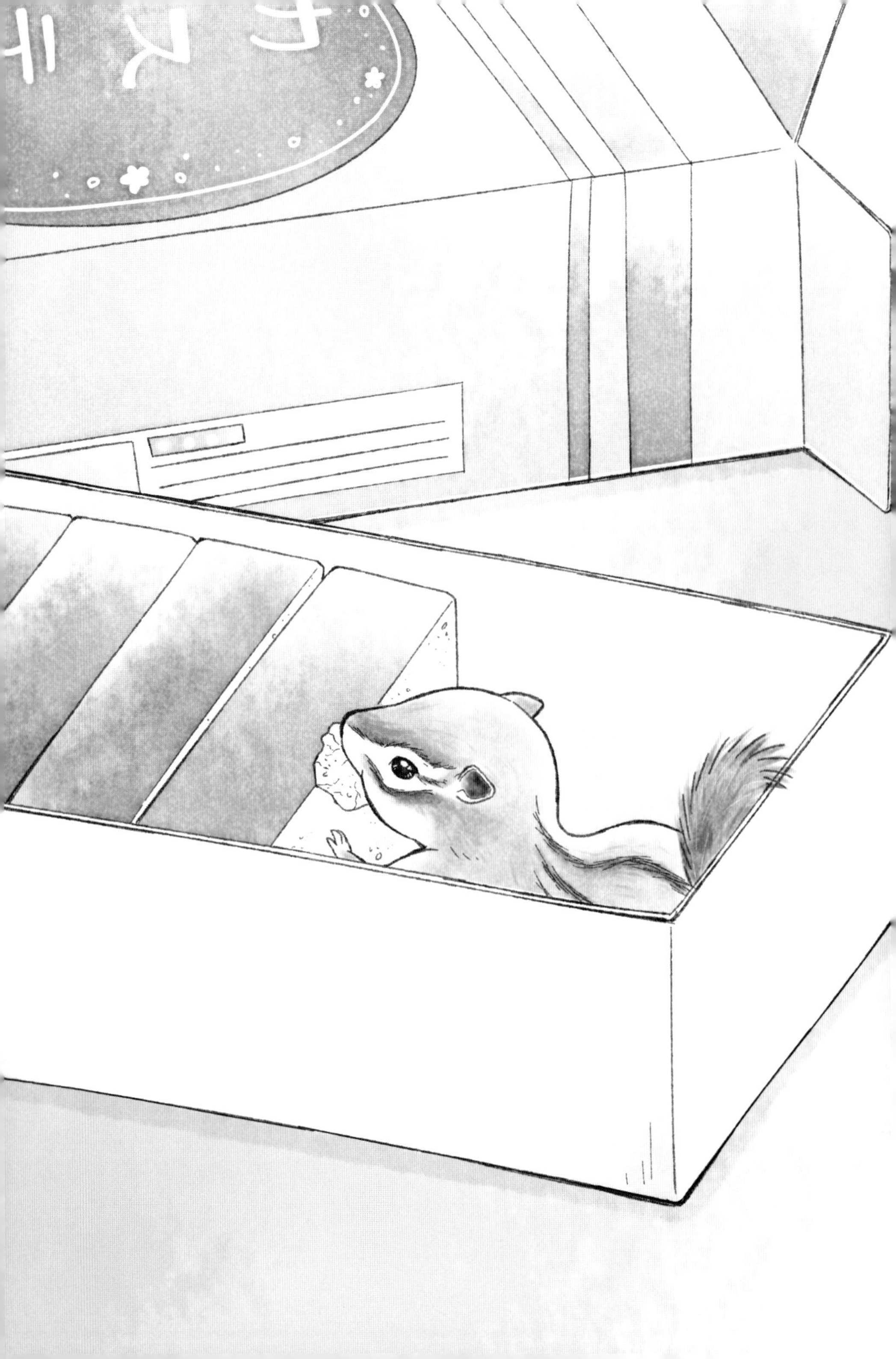

なんて言っても知らんぷり、つまみ出そうとしたところ四つ足を踏《ふ》んばって「キッキッキッ」と怒《おこ》って抵抗《ていこう》します。

チー助にとって、カステラの詰まった箱は、黄金いっぱいの宝箱だったのでしょう。

何にでも興味を持つ

お姉さんは、服の取れてしまったボタンを付けようと裁縫箱《さいほうばこ》を出しました。裁縫箱《さいほうばこ》といっても、クッキーが入っていたキレイな絵柄《えがら》の金属製の缶《かん》で、中には一応裁縫《さいほう》に必要な物が入っていました。

チー助がやってきて、ウロウロしてるなーと思っていたら、「針刺《はりさ》し（綿などを布で包んで作り、針を差しておくもの）」の針の中からマチ針をくわえて、サーッと逃《に》げました。マチ針というのは針の頭の部分に丸くて硬《かた》いビー玉のようなものがついています。

チー助は、そのビー玉のようなものが欲しかったのでしょう。でも針はチー助の体の半分くらいの長さがあって、もし逃《に》げる途中《とちゅう》で何かにぶっかかったりしたら、どんな怪我《けが》をするかわかりません。

お姉さんはあわててチー助を追いかけて、マチ針を取りもどしました。早く裁縫箱《さいほうばこ》にしまってしまおうと、箱の蓋《ふた》をパチン‼　と閉めました。そのとき、「ウエン‼」とチー助が鳴きました。いつの間にもどったのか、チー助の手（前足）がちょうど箱の縁《ふち》にあったのです。金属製の箱の縁《ふち》にはさまれたのですから、一瞬《いっしゅん》のことといっても、すごく痛かったと思います。もし骨が折れていたらどうしよう……心配で胸がドキドキでした。

しばらく痛そうに歩いていましたけど、普通《ふつう》に歩くようになった時は、ホッと胸をなでおろしました。

チー助には、不用意に行動すると痛い目に遭《あ》うことを知ってほしいと、つくづく思いました。

お姉さんがいつも買物に行く近所の八百屋さんは、玉子を10個入りパックだけでなく、3個でも4個でも、ビニール袋《ぶくろ》に入れて売ってくれました。

お姉さんは5個買って帰り、ほかの野菜とテーブルの上に置いて、冷蔵庫の整理をしていると、うしろでドサッ！　と重い音がしました。ナント!!　チー助が玉子の入ったビニール袋《ぶくろ》に入って玉子と一緒《いっしょ》に床《ゆか》に落ちていました。チー助はビニール袋《ぶくろ》の中で、何がどうしてこうなったかわからないようで、キョトンとしていました。

割れた玉子にまみれて、体はベトベト、ヌルヌルになっていました。ケガはないようでとりあえずホッとしました。割れた玉子の中からチー助をつかみ出し、水道の蛇口《じゃぐち》の下でベトベトの玉子のぬめりを取り除き、それから洗面器の中でお姉さんのシャンプーで体をていねいに洗ってやりました。

毛が濡れたチー助は、別人（別リス？）のように痩《や》せて小さくなりました。

タオルで拭《ふ》こうとしても、少しもじっとしていないので、あきらめて、ポンとタオルを床《ゆか》に置き、その上にチー助を置いて好きなようにさせました。チー助は、風呂《ふろ》上がりの犬のように体をブルッブルッとやって水分を飛ばすと、今度はタオルに体をこすりつけはじめました。右側の体をこすりつけ、左側をこすりつけ交互《こうご》に何度もやってますけど、良く拭《ふ》けません。結局は、お姉さんが、風邪《かぜ》をひかないよう、ていねいに拭《ふ》いてやるしかありませんでした。

チー助は職人さん？

お姉さんはときどきチー助のために、わざわざ正座をしてやります。お姉さんのスカートの中は、森の中の巣穴のように暗くて暖かくて安心できるところのようですから。

お姉さんが正座して本を読んだり新聞を読み始めると、チー助はさっそくお姉さんのスカートの中に吸《す》い込《こ》まれるように入り、膝《ひざ》の上か腿《もも》の上に落ち着きます。それから、口に含《ふく》んで持ち歩いているヒマワリの種を取り出して、ポリッ！　カリッ!!　と小さな音を立てて食べ始めます。ときには初めから寝《ね》てしまうこともあります。

お姉さんは足がしびれるまで正座していますが、ガマンできなくなって、

「チー助、ごめん!!」

と言って立ち上がります。たいていヒマワリの種の殻《から》がポロポロ床《ゆか》に落ちます。

その時もチー助はお姉さんのスカートの中で何かゴソゴソやっていました。いつものようにヒマワリの種を食べているんだろうと思っていました。お姉さんの足がしびれて、

「チー助、ごめん！」

と言って立ち上がると、いつものヒマワリの種の殻《から》ではなく、何か白い糸くずのようなものがパラパラと床《ゆか》に散らばりました。

「エッ？　何だろう？　チー助は布切れのようなものは口に入れて持ち歩かないし……何なの？」と思っただけで、別に気にしませんでした。

夜、お姉さんがお風呂《ふろ》に入ろうと服を脱《ぬ》いだ時、それが何だったかわかりました。

ペチコート（スカート状の下着）の裾《すそ》のレースに穴があいていたのです。レースの花模様がひとまわり大きくかじってあったのです。ペチコートの裾《すそ》に付いているレース模様は小さな花弁《かべん》（花びら）で、裾《すそ》をひとまわりしています。花弁の真中は丸く空いていて、その周りは硬《かた》く糸でかがってあります。

チー助はその硬《かた》くかがってある糸をかじって、真ん中の穴をひとまわり大きくしていました。それも一つや二つでなく、五つもです。みんな同じ大きさに揃っていて、すき間なく、きれいにかじって広げてありました。もし六個目がやりかけになっていなければ、わからないほど綺麗《きれい》に見事にかじって広げてありました。

まるでリフォームを頼《たの》まれた職人さん

が、

「この丸い窓をひとまわり大きくしてください」

と頼《たの》まれ、ていねいに直した窓のように、すばらしい出来ばえに広げてありました。

お姉さんの暗いスカートの中で、しかも、膝《ひざ》の上の不安定なところで、同じ間隔《かんかく》で同じ大きさで、その上順番を間違《まちが》えないで、五つもかじっているのです。

チー助は天才的な職人さんです。

チー助　いなくなる

お姉さんは、家にいる時には、なるべくチー助をケージから出してやってました。チー助は、たいてい勉強机の上か、チェストタンスの上にいて、のんびりヒマワリの種などをポリポリ食べているか、毛づくろいをしていました。

お姉さんが近くを歩いたり、用事があって近くへ行くと、いきなり肩《かた》や背中にポンと飛び乗ってきたりします。

そんな時、お姉さんは、チー助の体重をズシリ!!　と重く感じて、

「チー助、ムチッとしてきたわね、男の子だったら筋肉ムキムキのお兄さんになるのかな？　女の子だったらピチピチのお姉さんになるのかな？」

なんて、まだチー助が、男の子か、女の子か区別がつかなかったものですから、想像して楽しんでいました。

その日は真夏の暑い日でした。いつもは窓を開けないで掃除《そうじ》するのですけど、あまりにも暑いので、窓をパーッと開けて掃除機《そうじき》をかけました。ちょっとの間なら大丈夫《だいじょうぶ》だろうと思って。

もちろん、目の隅《すみ》に、いつもチー助がどこにいるか気にかけながら……。タンスの奥《おく》のホコリを吸い取って……カーペットの汚《よご》れを取って……ハッ!! としてチー助を見ると、いません。エッ!! ウソでしょう!? 急いで部屋中を探し、ベランダや窓の下を見ましたが、影《かげ》も形もありません。となりは大家さんの家です。探させてもらいましたが、いません!! 部屋にもどってもう一度探してみましたが、いません。お姉さんが掃除《そうじ》に気を取られているちょっとした瞬間《しゅんかん》に出ていってしまったようです。

お姉さんのアパートは2階にありました。ベランダから外に向かって大声でチー助を呼びました。声は空《むな》しく響《ひび》くだけでした。

いつ帰って来てもいいように、ベランダにチー助のケージ（鳥かご）を巣ごと出して、窓もず～っと開けて帰りを待ちました。何時間も。近所を歩き回ってチー助のいそうなところを探しました。

とうとうその日も暮れて、待ちわびて……。お姉さんの頰《ほお》にこらえきれずに涙《なみだ》がツッツーと伝わり落ちました。外に出たはいいけど帰り道がわからなくなったチー助が、どんなに心ぼそく、恐《こわ》い思いをしているだろうか、と思うと、お姉さんの胸は張《は》り裂《さ》けそうでした。

お姉さんは毎日毎日、朝から泣いていました。

「バカ!!　バカ!!」

と自分で自分の頭をたたいて泣きました。

窓をパーッと開けて掃除《そうじ》するなんて、チー助に、

「遊びに行ってもいいよ！」

と言ってるようなものじゃないの!!　なんてバカなことをしてしまったの？　ああ……まっさらで無垢《むく》なチー助。疑うことを知らないつぶらな瞳《ひとみ》のチー助!!　どこにいるの？

道で会うといつも挨拶《あいさつ》している近所の顔見知りの人たちに、事情を話して、探してほしいと頼《たの》みました。２、３日して、

「つかまえた!!」

という知らせがありました。急いで行ってみると、

「みつかったら良いね、と話してたのよ」

という、お姉さんを応援《おうえん》しているよという励《はげ》ましで、見つかったわけではありませんでした。

ベランダに出してあるチー助の巣の中のエサと水は毎日換えて待ちました。

もう一度、フワフワでモフモフこの上ない柔《やわ》らかいチー助を頬《ほお》ずりしたい、チー助のいない悲しみに涙《なみだ》が止まりません。おなかがすかないし、食べたくありません。

夜、ハッと目をさまし、「チー助はいないんだ。今どこに？　寒いんじゃない？」と思うと眠《ねむ》れなくなります。

胸のあたりに大きな穴が空いて、そこに冷たい風が吹《ふ》いているような気持ちで、体がフワフワ浮《う》いているような気もします。

一ヵ月ほどして、つき会っていたボーイフレンドが全然連絡《れんらく》して来ないことに気づきました。彼は、チー助のいない悲しみに沈《しず》んでいるお姉さんをどう慰《なぐさ》めていいのか、わからなかったのかもしれません。チー助は一ヵ月待っても二ヵ月待っても、半年待っても、とうとう帰って来ませんでした。

近所の公園をチー助と散歩しようと、リス用の小さな首輪を買ったばかりだったのに。

お姉さんは、チー助を産んでくれた森のチー助のお母さんに、

「森で生活するより、たくさん楽しい暮らしを一緒《いっしょ》にしようとしていたのに、こんなことになって申し訳ありません」

とお詫《わ》びしました。

お姉さんの反省

掃除《そうじ》をしている間、チー助を金属のケージにとじ込《こ》めておいた方が良かったに決まっています。でもお姉さんは、チー助はできるだけ自由で、持っている個性を発揮してほしかったのです。いつも入るのを嫌《いや》がるケージに入れてしまうことは、できるだけしたくありませんでした。

それにチー助はお姉さんと一緒《いっしょ》にいるのが好きだから、離《はな》れて遠くに行ってしまうなんて考えられませんでした。

お姉さんは、チー助をエサで釣《つ》って芸をさせようとしたり、言うことを聞かせようとしたことは一度もありませんでした。それでも、チー助はお姉さんとのやりとりの中で、とても自然でかわいい仕草をたくさんしてくれました。お互《たが》い共通の言葉はなくても、チー助とお姉さんは〃愛情と信頼《しんらい》の心〃で通じあっていたと思っていました。

考えが甘《あま》かった、と言われれば、そのとおりです。

開けはなたれていた窓から外へ出てしまったチー助は、どんな気持ちで一人で歩いていたのでしょう。帰れなくなったチー助は、とても怖《こわ》い思いをしたことでしょう。

地球上には、弱肉強食という生物界の掟《おきて》があります。強い者が弱い者を餌食にして生きていくという、生きるための競争です。

恐《おそ》ろしい想像ですが、チー助も、ネコかカラスに襲《おそ》われて、あの世に行ってしまったのかも知れません。

でも、お姉さんは思うのです。チー助の身体は無《な》くなってしまったかも知れませんが、チー助のキャラクターや、チー助が生きていたこと、考えていたことは、消化できません。

チー助の魂《たましい》はいつまでも生きています。

チー助がいなくなって、何年も長い間がたった今も、お姉さんはリンゴを食べるたびに、チー助が夢中になってほしがったリンゴの種を、残しておきたくなります。

東京の吉祥寺《きちじょうじ》駅近くに「井《い》の頭恩賜公園《がしらおんしこうえん》」という公園があります。そこに「リスの小径」という人気コーナーがあります。ここは、ニホンリスが自由に暮らしているリス舎で、私たちは大きなケージの中に入ることができます。

普通《ふつう》の家の敷地《しきち》ぐらいの広さがあって、低い木がたくさん植わっていて、細い小川も流れています。

木の上には、飼育員さんが作った巣箱もありましたけど、ニホンリス達が自分で枝や葉っぱを集めて作った巣もありました。

入園者がじっと立っていると、ニホンリスが足を登って来て、ズボンのポケットや、コートのポケットに入ってしまうこともあるそうです。シマリスもニホンリスも同じですね。

そのリス舎全体を大きな金網《かなあみ》がスッポリくるんでいます。

そこに入る時は、大きな金網《かなあみ》の第一の扉《とびら》を押《お》して入ります。二、三歩先に、もう一つ第二の扉《とびら》があります。玄関《げんかん》が二重になっているわけです。第二の扉《とびら》を開けた時、もしリスが出て来てしまっても、うしろの第一の扉《とびら》はもう閉まっているので外へ出られません。

こういう工夫は、ほかの動物

園でも、野鳥のケージに入る時にもされています。
それにくらべ、お姉さんは、何の工夫《くふう》も用心もしていませんでした。何という無知で無謀《むぼう》だったことでしょうか、後悔《こうかい》しきれません。

自由は規律（きまり・おきて）をともなう
勝手と放縦（わがまま・気まま）は
自由の敵である

池田　潔

『自由と規律―イギリスの学校生活より―』

これは、お姉さんが中学生の時、担任の先生に１００回ノートに書き写しなさいと言われて書いた言葉です。ずっと忘れないでいた言葉でした。もし、この言葉をチー助との生活に応用していたら、お姉さんとチー助は、もっともっと長く楽しい生活を過ごせたことでしょう。

自由を目一杯満喫《めいっぱいまんきつ》するにしても、厳格な規律のもとでガチガチの規律正しい生活を送るにしても、どっちにしろ、度を過ぎることはよくない、何事も極端《きょくたん》に走ることはよくない、中間、ほどほどが大切ということ。

「過ぎたるは及《およ》ばざるがごとし」

悲しい別れをすることになってしまったお姉さんは、チー助との生活から、その事をしっかり学びました。

そしてチー助というちっぽけな仔《こ》リスと心を通じ合えたことは、忘れようとしても忘れられない幸せな１２０日間でした。

※ペットを逃《に》がすことは、生態系にも大きく影響《えいきょう》を及《およ》ぼします。飼育の際は、十分気をつけましょう。

※この本の出版によって出た利益の著者分は、すべて野生動物保護団体等へ寄付するつもりです。もし出たらですが……。

終

著者プロフィール

もともと じんべえ

千葉県生まれ。大学卒業後、複数の仕事を経験。夫の仕事の関係でフィリピンに数年滞在。

阪神淡路大震災のボランティアをしたことでボランティアに目ざめ、22年間地域のボランティアに従事。

愛読書は『ごんぎつね』『もーれつア太郎』。趣味は旅行、乗馬。好きな食べ物はカニ。


子供の頃、母は、私か犬を呼ぶ時、私の名前と犬の名前を、よくまちがえて呼んでました。

ペンネームのじんべえは、そのことを思い出しながら、私の名前と犬の名前を合わせてつけました。

子供の頃から、動物たちと話ができるドリトル先生にあこがれていました。

本書はそんな私の初めての出版です。

本文イラスト　わたせあつみ
イラスト協力会社／株式会社ラポール　イラスト事業部

気ままな仔リス　チー助との120日

2022年12月15日　初版第1刷発行

著　者　もともと じんべえ
発行者　瓜谷 綱延
発行所　株式会社文芸社
〒160-0022　東京都新宿区新宿1－10－1
電話 03-5369-3060（代表）
03-5369-2299（販売）

印刷所　図書印刷株式会社

ISBN978-4-286-23766-4